CATALOGUE

D'UNE INTÉRESSANTE COLLECTION

DE TABLEAUX

DES DIVERSES ÉCOLES,

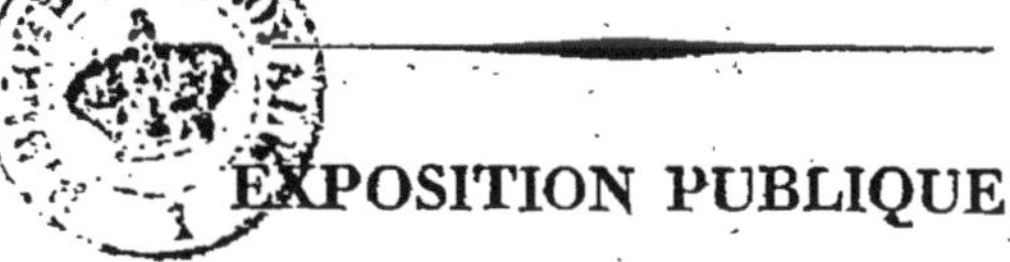

FORMANT AUTREFOIS LE CABINET DE M. B.

Dont la Vente aux enchères et argent comptant, aura lieu les lundi 19 et mardi 20 Mars, six heures du soir, rue de Cléry, n. 21;

Par le ministère de M^e. LACOSTE, Commissaire-Priseur, rue Thérèse, n°. 2;

Avec l'assistance de M. HENRY, rue de Bondi, n. 23.

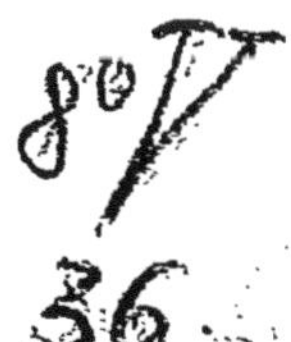

EXPOSITION PUBLIQUE,

LE DIMANCHE 18 MARS, DEPUIS MIDI JUSQU'A QUATRE HEURES DU SOIR.

LE PRÉSENT CATALOGUE SE DISTRIBUE AUX ADRESSES CI-DESSUS.

1827.

CATALOGUE

[illegible]

DE TABLEAUX

[illegible]

[illegible]

[illegible]

[illegible]

[illegible]

EXPOSITION PUBLIQUE

[illegible]

[illegible]

[illegible]

[illegible]

AVERTISSEMENT.

Parmi les tableaux dont nous donnons ci-après le Catalogue, se remarquent des ouvrages de B. Campi, de Michel-Ange de Caravage, C. Dolci, Sasso Ferrato, Bonifazio, Garofilo, Francia, Luini ; de N. Berghem, Deheusch, Champaigne Craesbeke, Du Sart, Eeckhout, Vander Heyden, J. Miel, Naiveu, Mathon, C. de Moor, Moucheron, Ostade, Poëlenburg, Van Romeyn, Rottenhamer, Swanevelt, Terburg, Torenvliet, Arri de Vois, P. Wouwerman, Wynantz ; de Claude Lorrain, Testelin, de MM. Leroy de Liancourt et Bouhot, de Mme. Lebrun, de Mlles. Gérard et Jenny Legrand, et de beaucoup d'autres peintres anciens, plus ou moins renommés.

Plusieurs de ces tableaux ne sont, pour nous servir d'un terme usité, que des échantillons charmans ; mais du moins sont-ils bien des maîtres dont nous leur avons donné les noms. Sans cette exactitude, à quoi sert un Catalogue ?

CATALOGUE

D'UNE INTÉRESSANTE COLLECTION

DE TABLEAUX

DES DIVERSES ÉCOLES.

POLIDORE, DE VENISE.

1. LA SAINTE FAMILLE. — *Toile ; h. 2 pieds 3 pouces,
l. 2 pieds 10 pouces.*

Marie est assise au pied d'un arbre, et tient sur ses
genoux l'enfant Jésus, auquel le petit saint Jean présente une corbeille de fruits et de fleurs. Un ange soutient le jeune précurseur.

Les figures de ce tableau, excepté celle de Jésus,
sont à mi-corps. Polidore est compté parmi les bons
élèves du Titien.

SWANEVELT (HERMAN), dit HERMAN d'Italie.

2. SOLEIL COUCHANT. — *Toile ; h. 18 pouces, l. 2 pieds
4 pouces.*

Au coucher du soleil, un homme accompagné d'un
jeune garçon, s'amuse à pêcher à la ligne dans les eaux
d'un fleuve. Le soleil, près de son coucher, et dardant
ses derniers rayons à travers une vapeur rougeâtre,
semble moins éclairer la terre que l'enflammer.

Des masses d'arbres épais et sombres, contrastent

avec l'éclat du ciel, et jouent de l'ombre sur une partie de la droite du tableau. A gauche, au-delà du fleuve, s'élèvent de hautes montagnes, dont la chaîne s'étend jusqu'à l'horizon.

Ce paysage attire la vue par son grand effet.

TESTELIN (Louis).

3. REPOS DE LA SAINTE FAMILLE, PENDANT SON VOYAGE D'EGYPTE. — *Toile*; *h. 2 pieds, l. 2 pieds 5 pouces.*

Assise au bas d'un piédestal, surmonté d'une statue mutilée, Marie tient l'enfant Jésus sur ses genoux, et s'entretient avec saint Joseph qui est debout à côté d'elle.

Ce tableau, enrichi d'un monument d'architecture tombé en ruine, était attribué à Nicolas Poussin; mais il est de la main de Testelin, peintre trop peu connu, qui étudia son art dans l'école de Simon Vouet, d'où sortirent tant d'artistes du plus grand mérite.

MOL (VAN).

4. LA VIERGE ET L'ENFANT JÉSUS. — *Bois*; *h. 2 pieds 8 pouces, l. 2 pieds 3 pouces.*

Marie, la tête penchée sur celle de son fils, qui est assis sur ses genoux, le presse tendrement contre ses bras.

Nous conservons à ce tableau la dénomination sous laquelle il a été vendu par le passé, quoiqu'à dire vrai, nous ne connaissions rien de la main de Van Mol, qui flatte autant la vue, sous le rapport du coloris.

TENIERS, père, (DAVID).

5. LA TENTATION DE SAINT ANTOINE. — *Toile ; h.* 21
pouces ; l. 2 *pieds* 6 *pouces.*

Plus de trente démons, sous des formes fantastiques
plus ou moins grotesques, entourent le saint homme,
et le troublent dans ses prières, par leur horrible sabbat.
Antoine à genoux devant un crucifix, se sentant tiré par
sa robe, se détourne et voit, sous les traits d'une femme,
un des esprits tentateurs que l'enfer oppose vainement à
sa persévérante piété.

Dans un catalogue qu'on nous a mis sous les yeux,
ce tableau est attribué à D. Teniers, fils, mais il est
plus vraisemblable que c'est un ouvrage du père de cet
artiste.

CAMPI (BERNARDINO).

6. LA SAINTE FAMILLE. — *Bois ; h.* 12 *pouces, l.* 9 *pouces.*

La Vierge, son fils et son époux se reposent sur le
devant d'un paysage, au pied d'un palmier. Le peintre
les a supposés en voyage. Un bœuf et un âne sont tout
près d'eux. Marie assise, un livre à la main, passe son
bras gauche autour du corps de Jésus et lui donne une
leçon de lecture ; saint Joseph en arrière de la Vierge,
montre par son air attentif, l'intérêt qu'il prend à cette
action.

Ce joli tableau a fait partie de ceux qui composaient
la galerie de Mal-Maison.

SCHUT (CORNEIL).

7. ULYSSE ET CIRCÉ. — *Toile ; h. 3 pieds 11 pouces ,*
l. 5 pieds 7 pouces.

Ulisse, l'épée à la main , terrasse l'enchanteresse
Circé, et la force de lui rendre ses compagnons sous leur
première forme.

Les plantes et les animaux nous paraissent être de la
main de Van Kessel. Les deux figures peuvent bien avoir
été peintes par Corneille Schut, l'un des meilleurs
élèves de Rubens.

ROTTENHAMER (JEAN).

8. LA VIERGE ET L'ENFANT JÉSUS. — *Cuivre ; h. 10 pou-*
ces, l. 8 pouces.

Marie est assise sur un siège à gradins, surmonté
d'un rideau, et tient son fils sur ses genoux. Trois anges
l'accompagnent ; l'un d'eux, à sa droite , lui offre des
fruits ; un autre, à sa gauche , en offre à Jésus.

On avait donné le nom du Parmesan à ce charmant
tableau ; et cela , sans doute , à cause d'une certaine élé-
gance qui s'y manifeste dans plusieurs figures. Rottenhamer , comme on le sait , chercha à former son style
de celui de Tintoretto.

GOLTIUS (HENRI).

9. MADELEINE REPENTANTE. — *Bois ; h. 23 pouces ,*
l. 18 pouces.

Les mains croisées sur la poitrine , les regards atta-
chés sur une croix , Madeleine élève son cœur vers le

Dieu de miséricorde, et lui demande en soupirant le pardon de ses fautes.

Cette figure est belle, bien peinte et remplie d'expression. Goltius, en l'exécutant, était inspiré par le souvenir des meilleurs ouvrages de Carlo Dolci, et c'est là, sans doute, pourquoi on l'avait attribuée à ce dernier peintre.

AMERIGHI (Michel-Ange), dit le Caravage.

10. LA DÉCOLATION DE SAINT JEAN-BAPTISTE. — *Toile; h. 4 pieds 2 pouces, l. 5 pieds 6 pouces.*

Le bourreau qui vient de trancher la tête de saint Jean, la dépose dans un plat que lui présente Salomé. Deux soldats et une des servantes de la fille d'Hérodias ont assisté à cette cruelle exécution; un autre homme reçoit dans une phiole quelques gouttes du sang de la victime par excellence.

Ce tableau est digne d'occuper une place dans une galerie.

RUBENS (attribué à Pierre Paul).

11. LA MORT D'ABEL. — *Bois; h. 4 pieds, l. 3 pieds.*

Caïn, placé entre les autels que son frère et lui ont érigés pour y faire des offrandes à Dieu, vient de terrasser Abel, et le saisissant à la gorge, se dispose à l'assommer d'un coup de massue.

On a toujours regardé cette peinture comme un des premiers ouvrages de Rubens, au sortir de l'école d'Otto-Venius. La tête d'Abel est bien touchée et décèle une main déjà habile.

BONIFAZIO, de Vérone.

*12. V*ÉNUS. — *Toile ; h. 4 pieds , l. 2 pieds 10 pouces.*

La déesse, près d'un rocher qui indique l'entrée des forges de Vulcain, est debout, entièrement nue, et vue par le dos. De la main gauche, elle tient un bouclier qu'elle appuie contre sa cuisse ; sa droite est posée sur un casque orné d'un panache rouge, vert et blanc. Ces armes, que Vénus vient de faire forger par son époux, sont celles qu'elle destine au pieux Enée.

Ce tableau est vrai de couleur comme le sont tous ceux de Bonifazio. Le dessin de la figure est svelte, le nu bien modelé, le jeu des grandes articulations bien senti.

FRANC FLORE.

*13. S*AINTE *C*ÉCILE. — *Bois ; h. 3 pieds 10 pouces, l. 3 pieds.*

Plusieurs anges, ayant chacun un livre de musique à la main, entourent sainte Cécile et célèbrent avec elle les louanges du Très-Haut, en mariant leurs voix aux accords qu'elle exécute sur un clavecin. Un autre ange, voltigeant au-dessus de la tête de Cécile, lui apporte une palme et une couronne, récompenses célestes du martyre qu'elle doit endurer pour la foi.

Ce tableau était attribué à Jules Romain ; on y re-trouve bien quelque chose du style des Florentins, mais rien des caractères qui distinguent les ouvrages de ce peintre ; telle est du moins notre opinion.

POUSSIN (attribué à NICOLAS).

14. LE TRIOMPHE DE DAVID. — *Toile ; h. 3 pieds,*
l. 4 pieds.

Cette composition, où le Poussin a employé le voile de
l'allégorie, représente David assis à côté de la tête du
géant qu'il a terrassé. Un génie debout, derrière lui,
les ailes étendues, lui pose une couronne de laurier sur
la tête, et tient une autre couronne d'or, dont le motif
est de faire entendre que la royauté sera un jour le prix
des grandes actions du vainqueur de Goliath.

Ce tableau faisait autrefois partie du cabinet du pré-
sident Boyer d'Arguelle.

MIEL (JEAN).

15. LE FOUR A CHAUX. — *Cuivre ; h.* 19 *pouces, l.* 15 *pouces.*

Près d'un four à chaux, dont un ouvrier entretient le
feu, six ou sept autres manœuvres emploient diversement un des intervalles de repos qui séparent les heures
de leur travail. Ici, c'est un homme d'un âge mûr qui
se fait raser par un de ses camarades ; là, sont assis à
terre deux garçons un peu déguenillés, qu'un mouve-
ment de gourmandise excite à jouer quelques sous contre des gimblettes. Le marchand qui est venu les ten-
ter est debout, à côté d'eux, un panier de gâteaux à son
bras. Un peu plus loin, sous une arcade, à travers laquelle on voit la campagne, un vieillard, affublé d'un
manteau, regarde un jeune homme qui est occupé à
dépouiller un lapin. Trois ouvriers sont sur le haut du
four : deux assis, le troisième s'amusant à jouer de la

guitare. Le coloris agréable et vrai de ce tableau en fait une chose éminemment rare, presque unique dans son espèce et digne d'entrer dans les plus riches cabinets.

CHAMPAGNE (Philippe de).

16. L'Adoration des Bergers. — *Toile; h. 2 pieds 3 pouces, l. 22 pouces.*

Le Rédempteur nouveau-né, emmailloté et couché dans une crèche, est l'objet de la vénération de six bergers, dont les expressions diverses annoncent la joie, la surprise et la piété. La Vierge, à genoux et rayonnante de bonheur, se tourne vers eux en soulevant le voile qui couvrait son fils; saint Joseph contemple cet enfant. Deux anges, voltigeant en l'air, célèbrent le nouveau bienfait du Seigneur.

EECKHOUT (Gerbrandt Vanden).

17. Samuel, consacré a Dieu. — *Toile; h. 22 pouces, l. 2 pieds 3 pouces.*

Anne, femme d'Elcana, à genoux devant le grand-prêtre Héli, lui présente son fils Samuel, âgé de trois ans, qu'elle a fait vœu de consacrer au Seigneur. L'époux d'Anne est debout à sa gauche; à sa droite, sont déposés deux vases contenant la farine et le vin qu'elle offre aux ministres du sacerdoce. A cette offrande est jointe une génisse, restée sous la garde des serviteurs du temple.

GELEE (Claude) dit Claude Lorrain.

18. Paysage. — *Toile; h. 2 pieds 6 pouces, l. 3 pieds 4 pouces.*

Au déclin d'un jour d'automne, deux bergers, homme

et femme, chassent devant eux, à travers un gué, un troupeau de vaches et de brebis qu'ils ramènent des champs.

Ces figures animent le devant d'un paysage, à la gauche duquel on remarque le péristyle d'un temple d'architecture dorique, en partie ruiné et abrité par plusieurs bouquets d'arbres touffus. D'autres arbres enrichissent la droite du tableau; le milieu offre une échappée de vue.

Cet ouvrage, que Claude a probablement exécuté dans sa vieillesse, et qui a un peu *poussé au noir*, nous paraît ne laisser aucun doute sur son originalité. Nous le recommandons aux amateurs.

RUBENS (PIERRE-PAUL).

19 MARCHE DE SILÈNE. — *Bois*; *h.*   *l.*

Ivre, la tête pendante, le visage teint des brillantes couleurs du vermillon, le vieux Silène est accompagné de quatre de ses compagnons d'orgie, dont deux le soutiennent en riant par dessous les bras, et lui aident à se traîner plutôt qu'à marcher.

Cette peinture, d'une exécution large et fondue, d'une couleur tout-à-fait *Rubenesque*, d'un modelé parfait, a été considérée par feu le Brun comme une belle production de l'auteur dont nous nous sommes fait un devoir de lui conserver le nom. Les opinions de Lebrun sont encore des autorités pour beaucoup d'amateurs; voici ses propres expressions : « Ce tableau, que nous regardons comme un bel ouvrage, offre de grandes beau-» tés, et est une partie du même sujet qui se trouve

« gravé dans la galerie de Dusseldorf, etc... Nous se-
» rions satisfaits de voir ces deux ouvrages l'un contre
» l'autre, afin de déterminer lequel offre le plus de
» beautés, et par ce moyen celui qui aurait été fait le
» premier. Pour nous, nous ne mettons aucun doute
» que celui-ci aura été de même grandeur que l'autre,
» et que c'est la suite de quelque accident qui le réduit
» à la forme longue qu'il a. » Cat. du cab. Burgraff,
vendu en novembre 1811.

FLINCK (Govaert).

20. Marcus-Curius Dentatus refusant les présens des ambassadeurs samnites. — *Toile; h. 3 pieds, l. 4 pieds.*

C'est ainsi que le sujet de ce tableau a été expliqué par le passé; mais rien ne démontre clairement qu'il soit ici question de Marcus-Curius. On serait plus fondé à croire que le peintre a voulu représenter Hippocrate refusant les présens d'Artaxerce. Quoiqu'il en soit, il y a du *rembranesque* dans le coloris, ainsi que dans l'exécution de ce tableau.

BOTH (Imitation de Jean).

21. Paysage. — *Toile; h. 22 pouces, l. 17 pouces.*

A la gauche du point de vue s'élève un grand rocher, vers le sommet duquel est creusée une habitation de paysans. Du côté opposé s'étend un immense et agréable lointain. Le peintre, afin d'enrichir le premier plan, y a représenté une femme assise et faisant une lecture qu'écoutent attentivement trois villageois, dont deux sont debout à ses côtés, et le troisième sur un charriot attelé de deux bœufs.

MURILLO (Bartholomé Esteban).

22. L'Adoration des Mages. — *Toile; h. 18 pouces, l. 2 pieds.*

Depuis long-temps cette peinture est attribuée à Murillo; tout ce que nous pouvons affirmer, c'est qu'elle est originale, et qu'elle réunit beaucoup des caractères dont se compose le style de ce maître célèbre.

Trois mages venus du fond de l'Orient pour rendre hommage au chef d'Israël nouvellement né, le trouvent dans les bras de la Vierge, sa mère, sous un toît de chaume et au milieu d'une extrême pauvreté. Le plus âgé des trois se prosterne avec humilité aux pieds de cet enfant, tandis que les deux autres, debout, chacun un vase à la main, se disposent à lui rendre le même hommage; à quelque distance d'eux est la troupe de gens armés dont se compose leur cortège.

GUERCHIN (Francesco Barbieri, dit le).

23. Jésus détaché de la croix. — *Toile; h. 3 pieds 10 pouces; l. 3 pieds 6 pouces.*

La Vierge, Madeleine la pénitente et l'apôtre Saint-Jean pleurent sur la dépouille mortelle de Jésus-Christ, que ses disciples viennent de détacher de la croix.

Un bel empâtement de couleur, un *faire* large et franc, un grand contraste entre les lumières et les ombres, l'expression bien sentie d'une profonde douleur; telles sont les qualités de ce tableau, dont les connaisseurs ne jugeront pas moins favorablement que nous.

TEMPESTE.

24. PORT DE MER. — *Toile ; h. 3 pieds 6 pouces, l. 5 pieds 6 pouces.*

Ce tableau capital et d'une riche composition, est un de ceux où Tempeste s'est le plus rapproché de la manière de Salvator Rosa.

WOUWERMAN (PIERRE).

25. LE SIÉGE DE BREDA. — *Toile ; h. 3 pieds 10 pouces, l. 5 pieds 8 pouces.*

Ce tableau est le plus capital que Pierre Wouwerman ait produit. Il est remarquable par la multitude innombrable de figures au moyen desquelles l'auteur a représenté les différens corps de troupes, tant à pied qu'à cheval, qui composent l'armée des assiégeans.

En 1637, le prince d'Orange reprit Breda sur les Espagnols. C'est probablement là le fait d'armes qui a fourni le sujet de ce tableau.

BERGHEM (NICOLAS).

26. PAYSAGE ORNÉ DE FIGURES REPRÉSENTANT DES SA-TYRES ET DES BACCHANTES. — *Toile ; h. 4 pieds 1 pouce, l. 6 pieds.*

Ce tableau provient du cabinet de M. Sabatier. Voici la description qui en a été faite par feu M. Paillet père.

« Vaste paysage presqu'entièrement traversé par une » masse de rochers surmontés de quelques arbustes. » Sur le devant, presqu'au milieu, cinq figures de

» faunes, de bergers et de nymphes, sont assises sur
« l'herbe et regardent une de leurs compagnes qui danse
» au son d'un tambour de basque ; près d'eux un trou-
» peau de bœufs, moutons et chèvres, est en repos au
» pied de deux grands arbres qui font la richesse du
» premier plan à gauche, et conduisent l'œil à un loin-
» tain de plaines et de montagnes. »

« Ce magnifique tableau doit être placé au nombre
» des beaux ouvrages de Berghem, autant par l'as-
» pect imposant du site qu'il représente et la variété
» des détails dont il est enrichi, que par le choix des fi-
» gures qu'il y a placées, et l'éclat du coloris soutenu
» d'une exécution facile et brillante. »

AMERIGHI (Michel-Ange) dit le Caravage.

27. Deux Portraits d'homme. — *Toile ; h. 2 pieds
8 pouces ; l. 3 pieds 7 pouces.*

Ces deux portraits, représentés à mi-corps, nous ont
été désignés comme étant ceux du Caravage lui-même
et du célèbre Galilée, qui furent effectivement contem-
porains. Cette alliance pourrait être motivée sur l'amour
qu'avait ce savant astronome pour plusieurs arts, no-
tamment pour la peinture. Quoiqu'il en soit, ce tableau,
peint avec beaucoup d'énergie, est d'une vérité frappante.

SASSO FERRATO (Gio Batista Salvi).

28. La Vierge. — *Toile ; h. 2 pieds 3 pouces, l. 22 pouces.*

Marie, les mains jointes, se livre à la prière.

On rencontre quelquefois des répétitions de cette

figure, mais il est rare d'en voir qui réunissent un travail aussi soigné, autant de perfection, à autant de grâce et de développement.

DOLCI (Carlo).

29. La Vierge Marie. *Toile; h. 2 pieds 4 pouces, l. 22 pouces.*

Elle est représentée un peu plus qu'en buste, les mains jointes, les yeux baissés et la tête couverte de son manteau; son expression est celle du recueillement.

Cette tête est encore une répétition; mais des répétitions de cette espèce ont été de tout temps regardées comme des morceaux de prix, soit à cause de la beauté de leur exécution, soit à cause du rare talent avec lequel Carlo Dolci a su exprimer les diverses affections qui ont leur source dans la piété.

SARACINO (Carlo), autrement dit Carlo VENETIANO.

30. L'Ange et Tobie. *Toile; h. 3 pieds 9 pouces, l. 2 pieds 11 pouces.*

Le jeune Tobie prend congé de son père, et se dispose à partir pour Ragès, sous la conduite de l'ange Raphaël.

VOIS (Arri de).

31. La Rose offerte. *Cuivre; h. 6 pouces; l. 5 pouces.*

Une jeune femme, montrant une rose qu'elle tient de la main gauche, est supposée regarder quelqu'un et

(19)

l'engager à venir recevoir cette fleur. Une mante fourrée couvre son épaule droite; de sa gauche descend une écharpe dont la couleur bleue sert à faire ressortir la fraîcheur de son sein, qu'un corsage très-échancré laisse à demi-nu.

Les ouvrages de de Vois sont rares; dans celui-ci sont réunis l'amabilité du sujet, le charme du pinceau, la vérité du coloris et le pittoresque de l'ajustement.

STELLA (Jacques).

82. Sainte Famille. *Pierre; h. 12 pouces, l. 9 pouces.*

L'Enfant Jésus, assis sur les genoux de sa mère, pose une couronne de fleurs sur la tête de l'agneau de saint Jean-Baptiste; celui-ci emploie toute sa force à soulever le timide animal. Saint Joseph, debout derrière le précurseur qu'il soutient par les épaules, se prête avec bonté aux jeux de ces deux enfans.

LUINI (Louis).

33. La Vierge et l'Enfant Jésus. *Bois; h.*

La très-gracieuse Mère du Fils de Dieu est représentée à mi-corps, les yeux baissés, et tenant dans ses bras cet enfant cher et révéré, dont le regard se porte sur le spectateur.

Luini a trouvé dans la vivacité enfantine de Jésus et la modestie calme de Marie, un moyen de contraste qui anime son tableau d'une manière aussi agréable qu'elle est naturelle et convenable au sujet.

TERBURCH (Gérard).

34. Corps-de-Garde. *Toile; h.* 15 *pouces,* l. 12 *pouces*

Un trompette, debout, le bonnet à la main, vient remettre une lettre à un officier, dont il attend la réponse. Un autre militaire jette un regard furtif sur cet écrit.

Terburch n'était pas seulement coloriste et habile à manier le pinceau ; il a encore su varier les airs de tête, le maintien et l'expression de ses personnages, d'une manière analogue à leurs différentes conditions.

GAROFILO (Benvenuto Tizio, dit).

35. La Vierge et son divin Fils. — *Bois; h.* 17 *pouces,*
l. 14 *pouces.*

L'enfant Jésus debout sur un mur d'appui, est soutenu par sa mère, qui semble le présenter à l'adoration des fideles.

Le nom de Garofilo que personne ne mettra en doute, la rareté des ouvrages de ce maître, leur mérite si généralement reconnu, sont autant de titres de recommandation en faveur de ce tableau.

FRANCIA (Jacomo).

36. La Vierge et l'Enfant Jésus.— *Bois ; h.* 15 *pouces,*
l. 18 *pouces.*

Marie est représentée à mi-corps et soutenant l'enfant Jésus qui est debout devant elle, sur l'appui d'une croisée. Un troisième personnage, en habit de moine, est à la droite et en arrière de la Vierge.

Contemporain des plus grands maîtres, et regardé lui-
même comme l'un des premiers hommes de son siecle,
F. Francia se distingua d'abord dans l'orfévrerie, et en-
suite dans la peinture. Ses ouvrages sont un composé de
la manière du Perugin et de celle de Bellin. Jacomo
Francia, son fils et son disciple, peignit d'une manière
plus libre et plus fondue, et sut donner à ses têtes plus
de vivacité.

DOLCI (Carlo).

37. L'apotre saint Jean. — *Cuivre, forme ovale; h.
10 pouces, l. 7 pouces.*

Saint Jean est représenté en buste et levant les yeux
au ciel ; son expression est celle d'une vive douleur. Ce
précieux ouvrage est encore un de ceux qu'on est dis-
pensé de louer ; son mérite frappera tous les yeux, l'exécution en est admirable.

POUSSIN (Attribué a Nicolas).

38. Jésus faisant la cène avec ses apotres. — *Toile;
h. 18 pouces, l. 2 pieds.*

Cette peinture étant depuis long-temps attribuée au
Poussin, nous lui avons laissé cette dénomination ; les
connaisseurs qui ne s'attacheront qu'à l'ouvrage même,
y trouveront beaucoup de mérite.

SEBASTIEN DEL PIOMBO.

39. Portrait d'homme. — *Bois; h. 10 pouces; l. 9 pouces.*

Ce portrait est celui de quelque noble Vénitien. Del

Piombo l'a représenté en buste, nu tête et vêtu de noir. La tête est d'un beau caractère.

VÉRONÈSE (Paolo Cagliari, dit le).

40. Potrait de femme. — *Bois; h. 8 pouces, l. 7 pouces.*

L'œil du connaisseur s'arrêtera volontiers sur ce petit portrait.

PAR UN ANCIEN PEINTRE ALLEMAND.

41. Le jugement de Paris. — *Bois; h. 17 pouces, l. 13 pouces.*

L'auteur a traité ce sujet d'une manière toute particulière, et a voulu faire allusion aux mœurs de quelque grand personnage de son temps. Pâris, représenté en habit guerrier, est couché et plongé dans un profond sommeil; Mercure, sous la forme d'un vieillard, tient un sceptre et une boule dorée, et va lui-même adjuger le prix de la beauté. Ses regards sont dirigés sur Junon.

DÉWITTE (Jacob).

42. Composition mystique. — *Toile; h. 3 pieds 4 pouces, l. 2 pieds 1 pouce.*

Dans cette composition sont réunis plusieurs sujets, tirés de l'ancien et du nouveau testament; d'un côté on remarque Adam et Ève; ailleurs les Juifs adorant le serpent d'airain, la nativité de Jésus, la cène, la passion et la résurrection du Christ. Ce tableau est du bon temps de Déwitte.

LUINI, (Attribué à Lodovico).

43. Portrait de femme. — *Bois ; h. 14 pouces,
l. 9 pouces.*

JORDANO (Luca).

44. Saint Jérome se frappant la poitrine avec une
pierre.— *Toile ; h. 3 pieds 5 pouces, l. 2 pieds 1 pouce.*

GUIDE (Guido Reni).

45. Cléopatre. *Toile ; h. 2 pieds 11 pouces, l. 2 pieds
4 pouces.*

La célèbre reine d'Egypte, instruite de la mort
d'Antoine, et craignant de tomber entre les mains
d'Octave, dont elle avait inutilement espéré de gagner
le cœur, tient un aspic de la main droite, et jette un
dernier regard vers le ciel avant de mourir.

Le mérite de ce tableau nous paraît répondre au grand
nom du Guide. Les amateurs sont invités à lui donner
leur attention.

STELLA (attribué à).

46. Repos de la Sainte Famille. *Cuivre, forme ovale ;
h. 9 pouces, l. 8 pouces.*

Marie est assise sous un palmier, et tient sur ses
genoux son divin Fils, auquel des anges présentent des
fruits.

GASPRE (attribué à Gaspard DUGHET, dit le).

47. Paysage. *Toile ; h. 18 pouces, l. 14 pouces.*

C'est une vue des environs de Tivoli, du côté des
Cascatelles. Plusieurs figures animent ce tableau.

LEMALE (M.)

48. INTÉRIEUR DE COUVENT DE FEMMES. *Toile; h. 3 pieds 1 pouce, l. 4 pieds 3 pouces.*

Une jeune paysanne vient rendre visite à une religieuse, qui lui donne un baiser sur le front. Trois autres villageoises sont à quelques pas en arrière, et apportent une corbeille de fruits. Une seconde religieuse, assise un livre à la main, est dans le recueillement.

Ce beau tableau, que l'auteur a traité dans le goût de M. Granet, nous paraît digne de figurer dans le cabinet d'un amateur de peintures modernes.

MIEREVELT (MICHEL).

49. PORTRAIT D'HOMME. *Toile; h. 3 pieds 3 pouces, l. 2 pieds 9 pouces.*

Ce portrait est celui de quelque ministre ou magistrat hollandais; il est représenté jusqu'à mi-cuisse, nu-tête, le bras droit pendant, et tenant un gant de la main gauche.

GRYEF (ABRAHAM).

50. ORPHÉE CHARMANT LES ANIMAUX PAR LES SONS DE SA LYRE. *Toile; h. 11 pouces, l. 9 pouces.*

DIETRICK (attribué à CHRISTIAN WILLEM).

51. PORTRAIT D'HOMME coiffé d'un turban, et portant une mante sur une tunique enrichie de broderies d'or.

MIGNARD (PIERRE).

52. PORTRAIT D'UNE DAME ET DE SA FILLE. *Toile ;*
h. 4 pieds 2 pouces, l. 3 pieds 3 pouces.

Le costume de ces deux personnages est celui des dames de la cour de Louis XIV. Ils est riches et galant. Les airs de têtes sont beaux et très-grâcieux.

On lit au revers de ce tableau que ces deux portraits sont ceux de la duchesse de la Vallière et de Mlle de Blois, sa fille ; mais les traits de cette dame sont ceux d'une personne plus âgée que n'était Mme. de la Vallière, quand elle se fit carmelite.

LE ROY DE LIANCOURT. (M.)

53. PAYSAGE REPRÉSENTANT L'ENTRÉE D'UNE FORÊT.
— *Toile ; h. 1 b pouces ; l. 15 pouces.*

Deux chasseurs se reposent sur le bord d'un chemin.

On juge, au premier coup-d'œil, que ce tableau est l'ouvrage d'un coloriste. Il y a unité d'effet, harmonie et vérité.

LEGRAND (Mlle JENNY).

INTÉRIEUR DE COUR. — *Toile ; h. 12 pouces, l. 5 pouces.*

54. Dans la cour d'une ferme un jeune garçon, tenant une poule dans ses bras, cause avec une vieille femme qui récure des vases à l'usage d'une laiterie.

Elève de M. Le Roy, Mme Legrand a surtout appris qu'il n'y a pas de meilleur maître que la nature ; tout ce qu'elle peint a le charme de la vérité naïve, et réunit un heureux emploi de la lumière à une exécution pleine de suavité.

BRONZINO (ANGIOLO).

55. MÈRE DE FAMILLE. — *Bois; h. 4 pieds, l. 3 pieds.*

Uue dame italienne, vue presque de face et plus qu'à mi-corps, est accompagnée de trois jeunes garçons, dont deux sont à sa gauche, et le troisième à sa droite.

Ce tableau peut être admis dans tous les cabinets.

CAGLIARI (dit CARLETTO VÉRONÈSE).

56. LES DISCIPLES D'EMAUS. — *Toile; h. 2 pieds, l. 2 pieds 2 pouces.*

Ce tableau a fait partie de la galerie du palais de Grimani de san Paolo, à Venise, et sort en dernier lieu du cabinet de M. le comte de Senef.

BELLINI (JEAN).

57. PORTRAIT D'HOMME. — *Bois; hauteur 14 pouces, l. 10 pouces.*

Il est représenté en buste; tête nue et vêtu d'un habit à fourrure.

Dans le cabinet du comte de Fries, que nous fûmes chargés de vendre en avril 1826, ce portrait était regardé comme étant celui du duc d'Urbain, et passait pour être de la main de Jean Bellini. On a désiré lui conserver ce dernier nom; mais, selon nous, celui de Holbéen lui convient beaucoup mieux.

GÉRARD (Mlle.).

60. SCÈNE FAMILIÈRE. — *Bois; h. 12 pouces, l. 9 pouces.*

Deux jeunes époux, dans un jardin, s'amusent des

jeux de leurs enfans. L'un de ceux-ci, assis sur les genoux de sa mère, tend les bras à un chien qui lui lèche les pieds, un autre tient un chat sur ses épaules.

BOUHOT (M.)

61. VUE DE LA FONTAINE DE LA PLACE DU CHATELET ET DU PONT-AU-CHANGE. — *Toile ; h. 3 pieds 6 pouces, l. 3 pieds.*

61 (*bis.*) VUE DE LA COLONNE DE LA PLACE VENDOME. — Même grandeur que le précédent.

Ces deux tableaux ont été exposés en 1808 et 1810, au salon du Louvre. Ce qui ajoute beaucoup à leur mérite, ce sont les nombreuses et charmantes figures de toute espèce, dont M. Xavier Leprince les a enrichis.

VOLAIRE (LE CHEV^r.)

62. MARINE AVEC EFFET D'ORAGE. — *Toile ; h. 14 pouces, l. 18 pouces*

Sur le premier plan, composé de rochers, deux matelots sont occupés à tirer de l'eau quelques débris d'une barque, qui vient d'être engloutie : avec eux est une femme, portant un enfant dans ses bras.

62 (*bis*). AUTRE MARINE AVEC EFFET DE CALME, ET VUE AU SOLEIL LEVANT. — Mêmes dimensions que celles du précédent tableau.

Des pêcheurs tirent un filet de l'eau ; d'autres causent sur le rivage.

Ces deux ouvrages étaient attribués à J. Vernet.

DOLCI (D'après Carlo).

63. Jésus en prière au Jardin des Oliviers. — *Toile;
h. 2 pieds 8 pouces, l. 2 pieds.*

Un ange apparaît à Jésus et le console.

ROMEYN (Guillaume Van).

64. Paysage pastoral. — *Toile; h. 18 pouces, l. 2 pieds
2 pouces.*

Des canards, de grandes plantes, un tronc d'arbre,
enrichisssent le devant de ce paysage, où Van Romeyn
a représenté sept vaches de diverses couleurs, et dans
des positions très-variées. Un peu plus loin, est une villageoise, gardant un petit troupeau.

Ce tableau capital et remarquable porte la signature
de l'auteur.

NAIVEU.

65. Scène de bateleurs. *Toile; h. 20 pouces, l. 2 pieds.*

Sur une place publique, dans une ville de Hollande,
un bateleur ou diseur de bonne aventure tire les cartes
à deux paysans, homme et femme, qui l'écoutent avec
une entière confiance. Près de ce groupe, un arlequin,
monté sur des échasses, divertit une foule de curieux.
De tous côtés la place est couverte de personnages de
différentes conditions, parmi lesquels on distingue par-
ticulièrement une marchande de beignets.

TREVISANI (attribué à François).

66. Le Mariage de sainte Catherine. *Cuivre, forme
ovale; h. 9 pouces, l. 12 pouces*

En présence de plusieurs anges, l'Enfant Jésus, de-

bout près de sa mère, scelle son alliance avec Catherine, en lui mettant un anneau au doigt.

Ce petit tableau est d'une composition, d'un faire et
d'un coloris très-agréables.

SART (Corneille du).

67. Le Souper de famille. *Bois; h.* 9 *pouces,*
l. 11 *pouces.*

Six Hollandais des deux sexes entourent une table
couverte de différens mets ; un homme, la pipe à la
bouche, fait le service de la table, tandis qu'une femme
donne à boire à un enfant.

Ce tableau se recommande par la richesse de sa composition, la vigueur de son coloris et sa grande ressem-
blance avec les ouvrages d'Ostade.

CRAESBEKE.

68. Intérieur de cabaret. *Bois; h.* 23 *pouces,*
l. 18 *pouces.*

Ce tableau, composé de six figures, est d'une chaleur
de coloris et d'un *large* d'exécution peu ordinaires. Une
des figures représente une femme assise à une table, et
présentant avec la pointe du couteau un petit morceau
de poire à un homme placé à côté d'elle devant un ré-
chaud.

MIEL (Jean).

69. La Famille villageoise. *Toile; h.* 18 *pouces,*
l. 14 *pouces.*

Un jeune garçon, jouant avec un chien, est étendu

par terre à côté d'une femme qui allaite son enfant Pendant ce temps, un homme se dispose à dételer deux bœufs, avec lesquels il vient de labourer son champ.

Ce tableau est du temps où l'auteur avait adopté ces fortes ombres qui donnent tant de vigueur à ses derniers ouvrages.

TOREN-VLIET (Jacques).

70. La Marchande de comestibles. — *Toile, h. 17 pouces, l. 14 pouces.*

Une marchande, dout l'étalage occupe le coin d'une rue, montre un poisson à une jeune pourvoyeuse que distrait un petit mendiant. Près de ce groupe, est un homme mangeant des moules; deux autres figures enrichissent cette composition.

VIEN (Joseph)

71. Tête d'étude, faite d'après un Vieillard à barbe et cheveux blancs. — *Toile, forme ovale; h. 2 pieds, l. 18 pouces.*

71 *bis.* Autre Tête, peinte d'après le même vieillard supposé endormi. C'est le pendant du précédent tableau.

TYSSENS (Pierre.)

72. Portrait d'homme. — *Toile, h. 2 pieds 3 pouces. l. 21 pouces.*

Il est représenté nu-tête et vêtu d'un manteau noir jeté sur une simple chemise. Une grande expression de

vie, un pinceau large et facile, beaucoup de relief atti-
rent et fixent les regards sur ce tableau.

MOUCHERON (Frédéric de)

73. PAYSAGE. — *Bois; h. 14 pouces, l. 11 pouces.*

Une colline couverte d'arbres, parmi lesquels on voit
plusieurs maisons, compose la droite et presque tout
le point de vue de ce tableau; au bas est un chemin
enrichi de plusieurs figures peintes par Lingelbach

RUISDAEL (Jacques).

74, PAYSAGE. — *Bois; h. 8 pouces, l. 10 pouces 6 lignes.*

A main droite, sur les premiers plans, s'étend une
rivière où des pêcheurs, dans deux barques, jètent un
filet. Au-delà de la rivière est une maison de campagne
entourée d'arbres.

Ce tableau est de la première manière de l'auteur.

HEYDEN (Jean Vander).

75. VUE DE HOLLANDE. — *Bois; h. 8 pouces, l. 10 pouces.*

Ce charmant tableau est orné de figures peintes par
Adrien-Vanden Velde. Il est remarquable par sa vérité,
et sera vu avec plaisir par tous les amateurs.

XAVERY (Jacob).

76. DEUX BOUQUETS DE FLEURS. — *Bois; h.*

Ces tableaux portent le nom de Van Huysum, et ont
été, par le passé, vendus comme tels; mais ce sont deux

ouvrages de J. Xavery, lesquels plaisent également par l'éclat de leur coloris.

CHAMPAGNE (PHILIPPE DE).

77. PORTRAIT D'HOMME. — *Toile; h. 23 pouces; l. 20 pouces.*

Ce portrait qui est d'une exactitude d'imitation frappante, représente un jeune prêtre, vêtu de son surplis.

WYNANTZ (JEAN).

78. PAYSAGE. — *Bois; h. 17 pouces, l. 14 pouces.*

Un pâtre assis au pied d'un arbre, près d'un terrein éboulé, garde un petit troupeau de vaches et de brebis.

Ce bon tableau est du nombre de ceux que recherchent les amateurs de tous les pays. Il est riche en détails, et d'un bel effet.

VLIET (HENRI-VAN).

79. INTÉRIEUR DE TEMPLE PROTESTANT. — *Bois; h. 17 pouces, l. 14 pouces.*

Différens personnages de tout âge et des deux sexes, assistent à la prédication de l'un de leurs ministres.

ZEEMAN (RENIER).

80. DEUX MARINES. — *Toile; h. 9 pouces, l. 14 pouces.*

Dans l'une on voit des pêcheurs radoubant leur barque; dans l'autre, plusieurs vaisseaux de guerre arrivant sur une rade. Des matelots sont diversement occupés sur le rivage.

SIBRECHTS.

81. **Paysage pastoral.** — *Toile ; h.* 22 *pouces ,*
l. 19 *pouces.*

Une villageoise conduit deux vaches à travers un gué ;
plus loin une autre femme trait une vache.

MOUCHERON (Frédéric de).

82. **Le moulin a eau.** — *Bois; h.* 9 *pouces , l.* 8 *pouces.*

Une rivière traverse le premier plan , et a servi de
motif au peintre pour y mettre des baigneurs. Au-delà
est situé le moulin , qui se groupe avec un beau bouquet
d'arbres ; en arrière est une colline. Une échappée de
vue compose le reste de ce délicieux tableau, dont la
touche et le coloris ont quelque chose de piquant.

MOLYN (Pierre).

83. **Point de vue**, représentant une plaine immense,
divisée par un fleuve, et parsemée de villages et de ha-
meaux. — *Bois ; h.* 9 *pouces , l.* 12 *pouces.*

MATHON.

84. **Joueur de flute.** — *Bois; h.* 8 *pouces , l.* 6 *pouces.*

Assis près d'un tonneau , où l'on remarque une
cruche, une pipe et du tabac, un joyeux hollandais,
une flûte à la main , passe alternativement du plaisir de
faire de la musique à ceux de boire et de fumer.

OSTADE (Adrien-Van).

85. **Un fumeur , la pipe a la main.** — *Bois ; h.*
5 *pouces, l.* 5 *pouces.*

HEUSCH (Guillaume de).

86. Paysage. — *Bois; h. 6 pouces, l. 7 pouces.*

Ce petit tableau est d'une exécution très-finie, et représente une soirée d'automne. A gauche, un pêcheur à la ligne est assis sur le bord d'une rivière; à droite est un chemin où s'avance un muletier.

VOIS (Arri. de).

87. Portrait d'une dame de qualité; elle est vue à mi-corps, de face, coiffée en cheveux, et ajustée d'une manière galante. — *Bois; h. 6 pouces, l. 4 pouces 6 lignes.*

88. Portrait qu'on présume être celui de Molière dans sa jeunesse; sa main gauche appuyée sur sa poitrine, sa bouche entr'ouverte, son regard, expriment une tendre déclaration. — *Cuivre; h. 6 pouces, l. 5 pouces.*

89. Deux Fixés, copies faites d'après deux tableaux de Rembrandt et de Gérard Dou, qu'on voit au Musée royal, sous les Nos 469 et 634.

ARTOIS (Jacques Van).

90. Deux petits Paysages ornés de figures, peintes dans le goût de Téniers. — *Bois; h. 4 pouces 6 lignes, l. 3 pouces 6 lignes.*

91. Une jeune Cuisinière tenant un chat sur ses genoux, ouvrage d'un peintre moderne.

MOUCHERON (Frédéric).

92. Paysage. — *Toile; h. 3 pieds, l. 2 pieds 6 pouces.*

Les figures qui ornent ce tableau sont de Lingelbach.
Le paysage est du bon faire de l'auteur.

MYN (Vander).

93. Une Femme, accompagnée de plusieurs bacchantes,
est occupée à former un bouquet de fleurs.

FIN.

IMPRIMERIE DE A. CONIAM,
Rue du Faubourg Montmartre, n. 4.